D'après la série télévisée Garfield & Cie, développée par Philippe Vidal, Robert Réa et Stève Balissat, adaptée de la bande dessinée de Jim Davis publiée en France par Dargaud. Une coproduction Dargaud Media et France 3, avec la participation du CNC et avec le soutien de la Région Île-de-France.

Histoire originale de Kim Campbell

www.garfield-et-cie.com
www.bandgee.com

Directeur de collection : Lise Boëll
Éditorial : Céline Schmitt et Priscilla Goddé
Adaptation : Anne Marchand-Kalicky
Direction artistique : Luc Doligez
Publication originale :

22, rue Huyghens, 75014 Paris
www.albin-michel.fr
ISBN 978-2-226-24405-5
Loi n°49-956 du 16 juillet 1949 sur les publications destinées à la jeunesse
Achevé d'imprimer en France - L61790b
Dépôt légal : septembre 2012

GARFIELD
& Cie

d'après JIM DAVIS

LES CHIENS NE FONT PAS DES CHATS

ALBIN MICHEL

GARFIELD

SALUT, C'EST MOI GARFIELD ! C'EST SIMPLE : MA VIE EST GÉNIALE ! LE MATIN, JE MANGE UNE PETITE PIZZA PUIS JE VAIS ME RECOUCHER ; L'APRÈS-MIDI, JE... QUOI ! COMMENT TU AS DEVINÉ ? OUI, C'EST BIEN ÇA. JE MANGE DES LASAGNES ET JE REDORS !

SQUEAK

ET VOICI MON COPAIN SQUEAK. BEN OUI, MERCI ! J'AI BIEN VU QUE C'ÉTAIT UNE SOURIS. HEUREUSEMENT QUE SQUEAK EST BON COMÉDIE QUAND JE FAIS SEMBLANT DE LE CHASSER DE LA MAISON DEVANT JON !

ARLÈNE

AH, ARLÈNE ! DANS LA VIE, JE SUIS TOUT SAUF UN CHAT INFLUENÇABLE. MAIS JE DOIS BIEN AVOUER QUE QUAND LA BELLE ARLÈNE ME FAIT SES (GROS) YEUX DOUX, JE SUIS SOUS LE CHARME... CETTE FILLE A DU CHIEN... ENFIN DU CHAT !

JON

LUI, C'EST JON, MON HUMAIN. BEN QUOI, LUI, IL DIT BIEN QUE JE SUIS SON CHAT ! JON AIME BIEN CUISINER. ALORS, JE LE FAIS CUISINER POUR MOI ! C'EST QUI LE CHEF ICI !?

ODIE

JE NE SAIS MÊME PAS SI JE DEVRAIS VOUS PRÉSENTER CE CHIEN SANS CERVELLE QUI SE NOMME ODIE, TELLEMENT IL NE SERT À RIEN. IL NE SAIT MÊME PAS PARLER. TOUT CE QUE CE CANIN SAIT FAIRE, C'EST BAVER ! BEURK !

NERMAL

AAAH ! CELUI-LÀ, RIEN QUE DE LE VOIR, MES POILS SE DRESSENT TOUT SEULS SUR MA TÊTE ! VOICI LE PETIT CHAT LE PLUS GNANGNAN DU MONDE, J'AI NOMMÉ NERMAL ! QUEL POT DE COLLE ! HEUREUSEMENT QUE JE SUIS EXPERT EN LANCEMENT DE CHATON PAR-DESSUS LA PALISSADE !

IL Y A QUELQUES JOURS, ENTRE DEUX PIZZAS ET TROIS PLATS DE LASAGNES, JE ME SUIS PLONGÉ DANS UN LIVRE PASSIONNANT : *L'HISTOIRE DES CHATS* ! UN PEU DE CULTURE NE FAIT JAMAIS DE MAL ET POUR UN CHAT AUSSI FORMIDABLE QUE MOI, IL ÉTAIT TEMPS QUE JE M'INTÉRESSE À MON ESPÈCE.

J'AI APPRIS DES CHOSES SI INCROYABLES QUE ÇA M'A DONNÉ UNE IDÉE : TOURNER UN REPORTAGE RETRAÇANT LES GRANDS ÉVÉNEMENTS DONT MES ANCÊTRES SONT À L'ORIGINE ! L'HUMANITÉ TOUT ENTIÈRE MÉRITE BIEN D'EN SAVOIR UN PEU PLUS, NON ?

Je le dis en toute **modestie** : mon documentaire, dont je suis le non moins **génial réalisateur... présentateur et acteur**, est bien fait. Il mêle des scènes où j'explique **l'Histoire des chats** et des reconstitutions qui illustrent les actes **héroïques** de tous ceux qui m'ont précédé.

Inutile de préciser que j'ai le premier rôle et **Odie** le second. Enfin, c'est pour lui faire plaisir que je dis ça, parce qu'il est plutôt figurant…

Attention, 3, 2, 1 « ça tourne ! »

*Vous êtes là ? Bonjour et bienvenue, **chers amis**. Aujourd'hui, **nous allons étudier l'Histoire légendaire de l'animal le plus remarquable de la Terre**.*

Odie, ce chien sans cervelle, croit que je vais parler de lui ! **Pfff ! Dans ses rêves, oui !**

Allez, cou-couche panier !

Sur des millions d'espèces qui peuplent notre ***belle planète****, aucune ne provoque autant* ***d'admiration*** *et* ***d'adoration*** *que le chat !*
L'animal le plus ***royal*** *de toute la* ***Création*** *!*

Comme le prouvent ces images, l'Histoire des chats remonte à la ***Préhistoire****. À cette époque,* ***le félin à dents de sabre*** *était partout. C'était un* ***animal terrifiant****, un* ***chasseur*** *doté d'une ouïe, d'une vue et d'un* ***odorat surpuissants****.*

Il suffisait qu'il repère une **souris préhistorique** *pour que tous ses sens se mettent en éveil. Son appétit dévorant faisait de lui une bête que rien ni personne ne pouvait arrêter… ou presque…* **Malheureusement***, il* **disparut** *brusquement il y a* **13 000 ans***.*

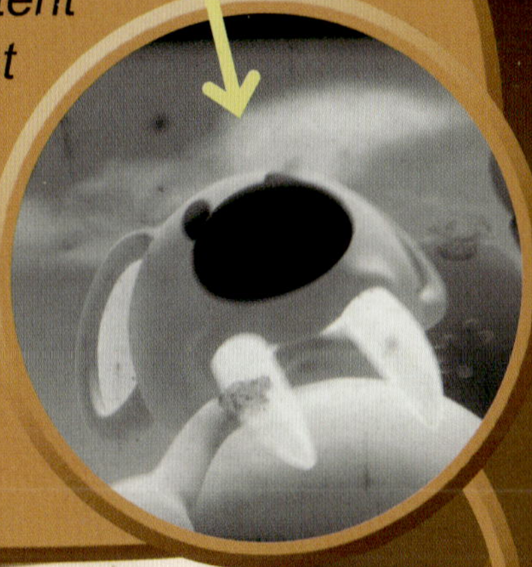

Passons maintenant à la leçon suivante ! Dans **l'Égypte ancienne**, les chats étaient considérés comme de **véritables dieux vivants**. D'ailleurs, contrairement à ce qu'on a cru, le pays était dirigé par un **Charaon** et non un **Pharaon**.

*Écoutez plutôt cet enregistrement de l'époque : « **Ô divine divinité !** Nous vous adorons ! Nous sommes vos **humbles serviteurs** ! » criaient les esclaves du Charaon Évidemment, celui-ci répondait : « **Merci, merci !** Vraiment, c'est trop. **Heu…** qu'est-ce que je raconte ? C'est jamais trop ! » Ah ! C'était le bon vieux temps ! **À cette époque**, on nous traitait à notre juste valeur.*

Troisième leçon : regardez maintenant ces images. ***Au Moyen Âge****, le* ***roi d'Angleterre*** *déclara que les chats n'étaient pas seulement* ***mignons*** *et* ***intelligents****, mais aussi très* ***précieux****. Il fallait les honorer car ils étaient d'****excellents chasseurs de souris****.*

C'est là que Squeak intervient comme **acteur** dans mon film.

Le scénario que j'ai écrit veut qu'à un moment, je montre à quel point les chats étaient des animaux importants et je dois faire semblant de dévorer une souris. **Squeak** n'est pas trop mauvais dans le rôle de la souris puisque la cour du roi s'écrie :

« **Whaou !** C'est **époustouflant** ! Moi aussi je veux un **chat** ! »

Mais c'est ***une grosse erreur*** *de penser que la seule utilité du chat est de chasser les petites* ***souris grises****.* ***Regardez*** *: voilà une pizza et voilà une souris.*

Laquelle des deux a l'air la plus appétissante ? En réalité, les chats sont derrière pratiquement tous **les plus grands événements** *de l'Histoire. Ils méritent la* **reconnaissance** *de* **l'humanité entière**. *Par exemple, dans* **le désert oriental**, *il y a très longtemps…*

Un nomade avait confié à son chat **deux gros sacs en peau de mouton**. L'un contenait **des souris** et l'autre **du lait**.
J'avoue qu'à la place de ce chat, j'aurais préféré des **sacs de pizzas** ou aller au restaurant chinois, **mais bon...**

Ils avaient une longue route à faire **à dos de chameau***.*
La chaleur était **écrasante***.*
À la fin de la journée, le chat nomade voulut boire du lait, mais le lait avait **caillé** *et s'était transformé en* **pâte rugueuse***.*

Miam ! J'y aurais bien trempé un **petit biscuit** !

C'est ainsi que les chats ont **inventé le fromage** *!*

Squeak ne peut pas s'empêcher de dire que je mens et que ce sont les souris qui ont inventé le fromage. **N'importe quoi !** Je préfère ne pas l'écouter.

Les chats ont fait ***un tas d'autres découvertes... Italie... Léonard de Vinci*** *peignait dans son jardin pendant que son chat poursuivait une souris.*

Ce qui devait arriver, arriva : **son chat renversa le tableau**. Léonard de Vinci se désespéra de voir **sa peinture totalement fichue**, quand son chat proposa de rattraper le désastre en **peignant avec sa queue**. Germaine, la sœur de Léonard, accepta de poser et c'est comme ça que fut créée **La Joconde** !

L'histoire ne s'arrête pas là : Léonard de Vinci voulut récompenser son chat qui lui expliqua : « Il y a des centaines d'années, **mes ancêtres** ont inventé le fromage. Je voulais savoir si vous pouviez par hasard **le cuisiner avec de la sauce tomate**, de bonnes pâtes fines et plates et ensuite faire cuire au four pendant, disons, **une heure à 250 degrés ?** »

Oui, c'est également ainsi que les chats ont inventé ***les lasagnes****.*

Squeak et ses copains m'accusent encore, **moi, pauvre chat innocent**, de raconter des mensonges. Mais ces souris sont **jalouses**, je crois !

Le génie des chats est sans limite. Tenez, encore un exemple : **en 1804, dans le bureau de Ludwig van Beethoven***. Alors que le grand compositeur de musique était* **en panne d'inspiration***, son chat,* **Amadeus***, se mit au piano et joua :* **Pa-pa-pa-pom ! Pa-pa-pa-pom !** *Il venait d'inventer la* **5e symphonie** *! C'était brillant !*

C'est à ce moment que **les choses dérapent**. En plein tournage, Squeak et ses amis se jettent sur moi. Les souris me traitent de menteur et disent que je m'attribue toutes les **découvertes culturelles**. Mais pourtant, **c'est la vérité** ! Ce n'est pas moi qui écris l'Histoire !

Devant leurs menaces de révéler à Jon le nombre de pizzas que j'ai commandées **en cachette** avec sa carte de crédit le mois dernier, je suis obligé de faire quelques **modifications** dans mon **scénario**.

Mesdames et Messieurs, je crois avoir laissé de côté quelques petits détails.

Alors, reprenons si vous voulez bien…

On retourne la scène dans le **désert** où je laisse les souris **faire croire** qu'elles ont **inventé** le fromage… Et on reprend le passage avec Léonard de Vinci.

Au moment où le peintre se désespère d'avoir raté sa peinture, Squeak intervient et répare le tableau. Il en rajoute même un peu en **mimant un appel du Louvre** sur son portable. Comme si c'était grâce à lui que le plus grand musée du monde s'était intéressé à **l'œuvre de Léonard de Vinci** !

Squeak **exagère** franchement sur ce coup-là, mais je suis sous la menace, je ne peux rien faire ! L'histoire se poursuit à l'identique : pour récompenser la souris, Léonard de Vinci lui propose d'aller lui cuisiner **un plat exquis** et la souris s'écrie qu'elle a une idée : **la recette des lasagnes** !

Dans la nouvelle version de mon scénario, **le musicien**, toujours **en panne d'inspiration**, a entendu une souris et **ordonne à son chat de la chasser**. Amadeus poursuit la souris qui, pour lui échapper, saute sur le piano, ce qui donne : **Pa-pa-pa-pom ! Pa-pa-pa-pom !**

La souris vient d'inventer la **5e symphonie de Beethoven**.
Voilà, je suis quand même sympa avec Squeak parce que j'ai accepté de lui laisser sa part de **gloire** aussi !

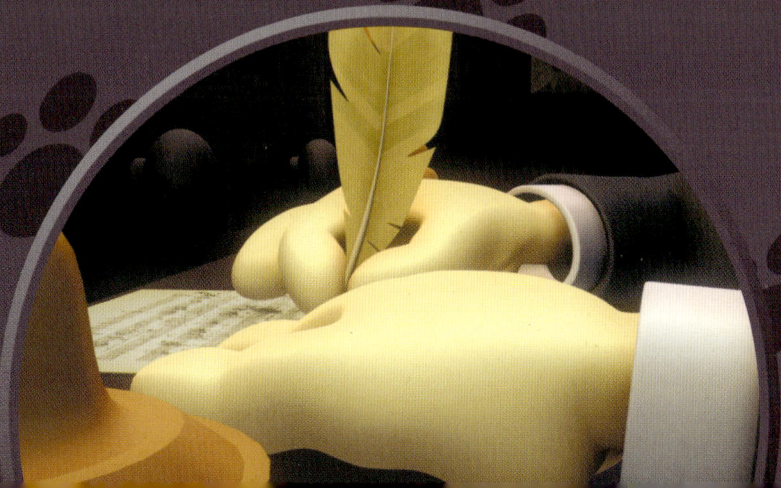

***Vous voyez ?** Les chats ont apporté leur contribution à l'Histoire… et les souris aussi !*

Squeak et ses copains sont **satisfaits**. Ils reconnaissent que **je suis génial** et qu'ils se sont trompés, qu'en fait, je suis un chat **honnête** parce qu'il faut du courage pour rétablir la vérité historique. Les souris sont parties, **je suis soulagé** !

Mais il ne faut pas croire qu'elles vont s'en tirer comme ça. Même Odie est tombé dans le panneau. Il croit vraiment que je vais faire diffuser les scènes où les souris sont des **héroïnes** ? En fait, **j'ai noyé le poisson**. Jamais je n'irai montrer ces histoires de souris. Je ne vais envoyer à la télé que la partie qui raconte à quel point **les chats sont géniaux**.

Maintenant que j'ai terminé le montage de mon film, il ne me reste plus qu'à l'envoyer à toutes les chaînes de télé. **Odie m'accompagne à la boîte aux lettres**.

– Tu vois, dans ce paquet, il y a la version qu'on vient d'enregistrer avec les souris. Je suis censé l'envoyer aux chaînes pour qu'elles puissent la diffuser dans le **monde entier**.

Et bien, celle des souris, elle finit aux ordures !

Et hop, je mets **le DVD à la poubelle**.

– À la place, j'envoie ce montage qui vante **l'excellence des chats** ! C'est la même émission mais sans tout le **blabla inutile** sur les souris.

Ouf ! Ça y est, la vidéo est dans la boîte aux lettres, mais Odie fait **une drôle de tête**. Pourquoi prend-il cet air de **chien battu** ? Il trouve que ce n'est pas juste pour Squeak ? Décidément, ce chien ne comprend rien !

– Ça s'appelle être malin, Odie ! D'ailleurs, cite-moi une seule chose intelligente que les souris ont faite. Allez, rien qu'une seule. Alors ? **Tu donnes ta langue au chat ?**

Ça fait déjà plusieurs semaines que j'ai envoyé mon film et bien sûr, **la télé a reconnu mon immense talent** en acceptant de diffuser **mon reportage** sur l'une de ses chaînes. Quand je dis que **les chats sont géniaux**, ce n'est pas une **blague** ! Je suis bien installé dans le fauteuil de Jon avec une bonne pizza commandée chez Vito et **un bol de pop-corn**.

Les souris et Odie sont prêts aussi à passer la soirée la plus intéressante de toute leur vie. **Chauffez-vous les pattes :** il va falloir applaudir **le plus grand cinéaste** de la planète : **MOI ! Attention, 3, 2, 1... que le générique commence !**

Au début, ça se passe bien : **la Préhistoire et le chat à dents de sabre**, **l'Égypte ancienne et le Charaon**… mais à la séquence dans le désert oriental, **ça se gâte** ! Je n'y crois pas : c'est la scène où les souris inventent le fromage qui passe à la télé ! Et tout le reste du film ne cesse de vanter **le génie des souris** !

Qu'est-ce que c'est que ce **micmac** ? Je suis pourtant certain de ne pas avoir mélangé les bobines. Mais… attendez… **Squeak est mort de rire**, et **ses copains aussi** ! D'accord, j'ai compris : ils nous ont sûrement suivis Odie et moi jusqu'à la boîte aux lettres et ils ont attendu qu'on parte pour **échanger les vidéos** !

– **Eh oui ! Quand le chat n'est plus là, les souris dansent !** Qui est le plus malin, Garfield ?